LA VÉRITÉ VRAIE

SUR LA

QUESTION DES TABACS

—

RÉPONSE

A UN LIBELLE ANONYME

PAR

M. FLORENT-LEFEBVRE

Ancien Député.

ARRAS

IMPRIMERIE H. SCHOUTHEER

RUE DES TROIS-VISAGES, 53.

LA VÉRITÉ VRAIE

SUR LA

QUESTION DES TABACS

Je publiais, il y a cinq semaines, (ce travail est daté du 10 août dernier) une petite brochure sur les modifications à « apporter au régime des tabacs, » dans laquelle je rendais compte, tout naturellement, à mes électeurs de la façon dont j'avais employé le mandat de député que je tenais de leur confiance, dans une question qui intéresse vivement nos populations du nord. Les adversaires de ma candidature actuelle, avec la passion qu'ils sont habitués à apporter dans les luttes électorales, ont prétendu voir dans cet exposé une apologie de ma conduite comme député, calculée en vue de ma réélection, au lieu d'un simple compte-rendu qu'il était de mon droit, je dirai plus, de mon devoir, de présenter à mes électeurs, et qui complétait, comme j'ai eu soin de le dire au début de ma brochure, le compte-rendu de mes votes pendant la session de 1876, publié par le journal l'*Avenir*. Dans un libelle anonyme dont ils viennent d'inonder la deuxième circonscription d'Arras, partant de ce point de vue erroné, ils se livrent à mon égard à des attaques aussi peu justifiées que déloyales, entremêlées d'injures à l'adresse des républicains, que je me vois obligé de ne pas laisser sans réponse.

Je regrette vivement, pour ma part, d'être forcé de revenir sur une question, des plus intéressantes assurément, mais d'une importance toute locale et secondaire, il faut le reconnaître, et sur laquelle, du reste, ayant dit tout ce que j'avais à dire, je ne puis que répéter ce que j'ai écrit déjà ; je pensais, et je n'ai point varié d'opinion, d'accord avec tous les esprits sérieux, que les élections de 1877 devaient se faire exclusivement sur le terrain politique, et qu'il s'agissait moins, en définitive, pour les électeurs de savoir si leurs intérêts particuliers seraient plus ou moins bien défendus par les hommes qu'ils éliront, bien que je prétende, comme il me semble l'avoir prouvé, être aussi apte que qui que ce soit à les comprendre et à obtenir sur les questions locales les solutions les plus avantageuses, que d'assurer au pays le maintien et la conservation définitive des institutions qui le régissent et dont ceux-là seuls peuvent accepter *d'un cœur léger* le renversement qui spéculent sur ce renversement dans un but d'intérêt dynastique ou personnel.

Mais du moment qu'il plaît à nos adversaires de déplacer le terrain électoral, tout en me réservant de conserver et de maintenir à ma candidature, le caractère essentiellement politique et républicain qu'elle emprunte de ma qualité de signataire de l'ordre du jour des 363, je ne fais aucune difficulté de les suivre partout où ils voudront aller, décidé que je suis à les combattre pied à pied, bien moins en vue d'assurer une réélection qui ne m'intéresse qu'en tant qu'elle montrera que les événements n'ont fait que cimenter la communion d'idées et d'opinions qui existait déjà entre les électeurs de la 2e circonscription d'Arras et leur élu de 1876, que pour contribuer par ma part d'efforts à la défaite du parti néfaste qui achèverait la ruine de la France, si le malheur voulait qu'il put jamais revenir au pouvoir.

L'auteur ou les auteurs de la brochure anonyme qui a pour titre : *La vérité sur la question des tabacs,* (ils ne sont très-probablement pas de ma circonscription,) non-seulement me dénient toute initiative dans la campagne législative engagée en vue d'une modification du régime fiscal des tabacs, mais ils poussent encore la mauvaise foi jusqu'à écrire que je n'ai fait que « retarder la solution désirée par un effort unique (ils ont voulu dire : isolé) et intempestif, demeuré stérile. »

Qui veut trop prouver, ne prouve rien, dit la sagesse du peuple.

Evidemment j'aurais mauvaise grâce à disputer à MM. Hamille et de Partz, membres de l'Assemblée nationale dont je n'ai point fait partie, et de la commission d'enquête sur l'exploitation du monopole des tabacs que nomma cette assemblée, l'honneur de s'être occupés, avant moi, comme législateurs, de la question des tabacs; mais ce que je prétends, ce que je maintiens malgré tous les démentis intéressés, c'est que j'ai repris dans la dernière Chambre, l'œuvre législative bien mal à propos abandonnée par l'Assemblée nationale vers la fin de la carrière, et qu'il n'a pas dépendu de moi, mais bien des évènements seuls, que je ne menasse à bonne fin cette œuvre.

Et d'abord pour répondre à la première assertion de mes contradicteurs, il est faux que j'aie jamais préteidu être l'*inventeur* d'une proposition sur le rétablissement des cinq zônes et l'abaissement du tarif des prix de vente de tabac; il eut suffi à l'auteur de la brochure : *La vérité* (quelle vérité !) *sur la question des tabacs,* de lire l'exposé des motifs de la proposition que je déposai le 28 juillet 1876 sur le bureau de l'Assemblée, pour s'assurer que, bien loin de m'attribuer une initiative, un brevet d'invention auquel je ne pouvais prétendre, je me suis empressé de rendre justice aux efforts tentés avant moi, dans un historique de la question qui n'occupe pas moins de 16 pages de mon travail. Oui, j'ai constaté dans cet exposé la part qui revenait à chacun des auteurs des propositions qui avaient devancé la mienne, tant à l'Assemblée nationale qu'à la Chambre des députés, sans oublier, cela va de soi, l'allié de MM. de Partz et Hamille, M. Blin de Bourdon qui, dès décembre 1872, demandait, comme je le fis plus tard moi-même, mais sur d'autres bases, le rétablissement des cinq zônes et un abaissement du prix des ventes des tabacs.

Mais il est si commode de remplacer la vérité dont la recherche exigerait quelque peine, par une assertion mensongère, qui ne demande même pas un effort d'imagination !

Ce fut, ainsi que je l'ai écrit, cette proposition de M. Blin de Bourdon qui devint le point de départ d'une enquête parlementaire sur l'exploitation des tabacs, à laquelle l'auteur du libelle paru récemment semble me faire un crime de n'avoir pas pris part.

« Une commission parlementaire, dit-il, fut nommée. M. Florent n'en put même pas être, *puisqu'il n'était pas à la Chambre* »; ce qui donnerait à penser que, si je ne fus pas nommé de la Commission, c'est parce que je ne me trouvai pas ce jour-là à mon banc de député.

C'est misérable... Je n'étais pas de l'Assemblée nationale Cette commission d'enquête, du reste, dont M. Hamille était président, à quoi a-t-elle abouti après trois années d'existence ? A un volumineux rapport qui a coûté fort cher d'impression sans procurer aucun avantage à nos populations, puisqu'il n'a pas même été prêt lorsqu'est venue en discussion la loi du 1-10 décembre 1875, legs funeste de l'Assemblée nationale qui, à la veille de se séparer, abandonnait hâtiment à l'arbitraire du gouvernement le règlement d'une question si longuement controversée et qu'il importait au pouvoir législatif de résoudre lui-même dans l'intérêt des contribuables.

M. Blin de Bourdon, rapporteur, a reconnu lui-même que cette loi était le résultat des plus déplorables concessions.

Voici ses propres paroles :

« Comme tous nos collègues des départements frontières, je fus alarmé de la situation faite à nos régions par la législation de 1872. Comme eux, j'en ai cherché le remède ; comme eux, j'ai acquis la conviction profonde, inébranlable, que le régime des zônes était le seul remède efficace contre les agissements de la contrebande.

» Votre commission, messieurs, a partagé cette conviction. Elle avait résolu, *à l'unanimité*, de vous demander de vouloir bien abaisser les tarifs de la cantine et de rétablir la vente des tabacs à prix réduit, dans toutes les régions qui en avaient joui avant 1872.

» Si cette commission, messieurs, n'a pas été assez heureuse pour faire partager à M. le ministre des finances ses convictions sur la nécessité d'une réforme immédiate, elle a du moins fait pénétrer dans son esprit le doute sur la valeur des mesures adoptées en 1871 et en 1872, tant au point de vue du rendement de l'impôt que d'une meilleure répression de la fraude... »

Ce qu'on devait prévoir arriva.

Le gouvernement se garda bien de se servir d'une loi dont l'utilité ne lui paraissait pas démontrée ; on s'en était remis à son pouvoir discrétionnaire : il avait le droit de ne pas agir.

C'est ce qu'il fit.

Toutefois, il avait promis de faire une enquête, celle de M. Hamille, apparemment, ne l'ayant pas suffisamment convaincu.

Cette promesse fut le point de départ — que mes adversaires commettent la grande faute d'oublier — de mon action parlementaire, action parlementaire dont l'initiative m'appartient bien en propre, quoiqu'en dise l'auteur de la brochure : *La vérité sur la question des tabacs.*

J'étais alors à la Chambre où venait de m'envoyer la majorité républicaine de la 2e circonscription d'Arras.

Comme la question des tabacs me tenait au moins autant à cœur qu'à MM. de Partz et Hamille, lorsque le moment me parut venu de mettre en demeure le gouvernement de remplir ses promesses, je montai à la tribune et lui demandai si l'enquête était faite et à quelle résolution il s'était arrêté.

M. Léon Say, ministre des finances, me fit, je le reconnais, une réponse qui put paraître dilatoire : il était évidemment dans l'intention du gouvernement de s'en tenir à l'exercice commode du pouvoir discrétionnaire que lui avait abandonné avec tant de légéreté l'Assemblée nationale.

Huit jours après, le 28 juillet 1876, je déposais ma proposition de loi tendant à rétablir les cinq zônes et à abaisser les prix du tabac.

Vers le même temps, MM. Desloy, Blin de Bourdon et autres députés avaient rédigé une proposition de loi sur la même question, qui n'était que la reproduction de la proposition de loi déposée en 1872 par M. Blin de Bourdon, et avait, comme elle, à mes yeux, et c'est ce qui me détermina à ne pas faire cause comme avec ses signataires parmi lesquels on comptait au moins, ce que ne dit pas mon contradicteur, autant de membres de la gauche que de la droite, le défaut très-grave de ne pas poser la question sur son véritable terrain, le terrain législatif, et de laisser par suite libre carrière à l'arbitraire du gouvernement.

Les deux propositions avaient été envoyées à la 3° commission d'initiative qui dut attendre pour les examiner que le gouvernement lui eut fourni les éléments de son travail, c'est-à-dire le résultat de l'enquête à laquelle il avait pris l'engagement de se livrer et à laquelle, je dois le reconnaître, il fit travailler activement du jour où je l'eus mis en demeure de tenir sa promesse.

Le travail était long, comme je l'ai dit dans ma première brochure; ce ne fut qu'au bout de sept mois, à la fin de janvier dernier, qu'on reçut à la direction générale des contributions indirectes les rapports des directeurs des contributions indirectes des treize departements intéressés.

La copie seule de ces rapports me prit un mois ; il m'en fallut deux pour les étudier : on avouera que ce n'était pas trop pour compulser d'aussi volumineux documents, en grouper les chiffres et en déduire les conséquences et les arguments propres à faire triompher ma thèse.

Enfin j'étais prêt. Je pris jour avec la commission pour discuter avec elle ma proposition. L'entrevue fut fixée au 23 mai.

Je n'ai pas besoin de rappeler que le 19 mai la Chambre était prorogée en attendant qu'elle fut définitivement dissoute. Le 16 mai a fait sombrer ma proposition comme tant d'autres issues de l'initiative de mes collègues de la gauche qui devaient procurer au pays des réformes désirées, des améliorations réclamées depuis longtemps dans son régime intérieur.

Tout cela je l'ai déjà dit ; aujourd'hui je dois me borner à répondre aux affirmations mensongères de ceux qui, sentant bien que j'ai fait mon devoir comme membre de la législative, s'efforcent de dénaturer mes actes dans l'espoir qu'ils parviendront à ébranler la confiance dont mes électeurs n'ont cessé de m'honorer.

Déjà j'ai prouvé que si l'effort tenté par moi pour obtenir l'abaissement du prix du tabac et le rétablissement des zônes, n'a pas été couronné de succès, la faute n'en saurait être imputée qu'à ceux qui, dans un intérêt de caste ou de parti, ont si inopinément soulevé les questions politiques les plus redoutables, ne craignant pas de fermer la bouche aux représentants de la nation qui n'avaient d'autre préoccupation que de faire, au mieux des intérêts de tous, les affaires de leurs commettants.

L'effort a été stérile, soit ! mais par la faute du 16 mai : à l'heure qu'il est, si la Chambre n'avait pas été contrainte d'abandonner ses travaux, ma proposition aurait force de loi et déjà nos populations bénéficieraient de mon œuvre.

A-t-il été intempestif, comme le dit l'auteur de la brochure adverse ? il va bien jusqu'à avancer que je me préoccupais déjà — le 20 juillet 1876 ! — de ma future candidature !.. Oui, c'était dans un but électoral que je rédigeais ma proposition déposée dans la séance du 28 juillet ! Etait-ce donc aussi dans un but électoral que je m'imposais en février, mars et avril dernier, trois mois d'un travail long et fastidieux pour étudier l'enquête du gouvernement ? De pareilles assertions tombent sous le ridicule. Un député fait son devoir, et par cela seul, il se recommande à la confiance de ses électeurs. Quant aux calculs intéressés, ce n'est point aux partisans des candidats officiels à les reprocher, ce me semble, aux candidats indépendants.

Ai-je retardé la solution de la question ?

J'ai prouvé que le gouvernement, très-satisfait de la loi du 10 décembre 1875, s'était endormi dans sa quiétude et qu'il n'entendait pas en sortir ; la question que j'ai posée à M. Say a eu le mérite de rappeler l'enquête promise *et qui,* sept mois après l'engagement pris, *n'était pas encore commencée* ; six mois après ma question, l'enquête était terminée. cette en-

quête *sans laquelle M. Léon Say ne voulait rien faire.*

Niez la lumière, Messieurs.

Je dirai plus : votre reproche est d'autant moins fondé que, à mon vif regret, je le
reconnais, il se trouve que je vous ai fourni
les moyens d'une solution que jé ne pouvais pas plus prévoir que la crise politique
qui a remis en vos mains tous les pouvoirs.

Un des vôtres, M. de Partz, a annoncé
au Conseil général que le ministre actuel
des finances, dans un but qui s'explique
suffisamment par l'approche des élections,
mettant à profit la loi du 1er décembre
1875, est en train de procéder par règlement administratif au rétablissement des
zônes et à l'abaissement du prix des tabacs.
Le décret est en ce moment soumis à
l'examen du Conseil d'Etat, et M. de Partz
a dit lui-même qu' « il y a des motifs sérieux
d'espérer qu'il y rencontrera un accueil
favorable. » Je ne doute pas, pour ma part,
de cet accueil favorable du moment qu'il

s'agit de procurer aux candidats officiels un motif de se faire bien valoir des populations.

Mais, du moins, mes adversaires ne devraient-ils pas se montrer ingrats, en qualifiant d'effort intempestif et stérile, l'acte émané de mon initiative qui a mis dans les mains de M. Caillaux les documents qui permettent à ce ministre de motiver sur les conclusions de l'enquête faite par M. Léon Say la mesure à l'aide de laquelle il espère acquérir aux candidats du gouvernement, la reconnaissance des électeurs.

Et parce que je signale le caractère de manœuvre électorale qu'aurait la décision ministérielle annoncée, qu'on ne m'accuse pas de repousser, par l'unique raison qu'elle serait offerte par des adversaires, une réforme que je n'ai cessé de solliciter.

Je ne repousse pas la réforme tant s'en faut ; ce que je repousse, c'est la façon dont cette réforme serait opérée, c'est la délimitation des zônes faite par le minis-

tre n'ayant d'autre guide que l'intérêt électoral de ses candidats, sinon par les candidats
eux-mêmes, délimitation qui, faite arbi-
trairement en vue des élections, ne survi-
vra même pas à la période électorale, car
le premier soin d'un ministre des finances soucieux des intérêts du pays, sera de
demander que le décret qui l'aura établie
soit rapporté, attendu que ce décret, comme je me réserve de le démontrer dès qu'il
aura été promulgué, aura fait supporter
au trésor, c'est-à-dire aux contribuables,
une perte considérable sans procurer
d'avantages réels au consommateur.

C'est vouloir faire payer cher à la
France l'élection de M. le marquis d'Havrincourt, et autres candidats officiels dans
la région des zônes, on l'avouera.

Je laisse de côté les qualifications ridi-
cules que me décerne l'auteur de la brochure ; il est au moins imprudent à lui de
traiter de « paon » l'adversaire d'un ex-
chambellan de l'Empire. Il me serait par
trop facile de plaisanter agréablement les
anciennes fonctions de M. le marquis

d'Havrincourt ; mais ce sont-là des moyens de polémique que je laisse à ceux qui n'ont que des injures à mettre au service de leur cause.

Le brochurier anonyme confondant l'initiative privée avec l'initiative parlementaire, laquelle consiste moins à *avoir le mérite de l'intention* que celui, souvent, de la reprise opportune d'une proposition déjà faite, s'efforce de m'être désagréable en rappelant une sortie peu parlementaire à mon égard de M. Hamille, dans la discussion de la proposition de M. Graux au Conseil général.

Je ne puis dire qu'une chose, c'est que l'observation de M. Hamille eût gagné à être présentée d'une façon plus aimable, et que j'y ai répondu en galant homme et en homme politique, en dédaignant le côté personnel de la question.

J'ajouterai que l'auteur de la brochure a mal lu le compte-rendu de l'incident, et qu'il prête gratuitement à M. Hamille une sottise en lui faisant dire que j'étais trop nouveau dans nos assemblées législatives

« pour pouvoir me targuer d'un acte d'initiative parlementaire. »

Les représentants du peuple, jeunes ou vieux, sont tous égaux devant l'accomplissement de leur devoir ; M. Hamille a trop d'esprit et d'expérience pour dénier aux jeunes le droit d'initiative.

Je passe à des choses plus sérieuses, ce qui veut dire naturellement que je laisse de côté l'éloge assez amphigourique de M. Hamille qu'on remarque à la page 6 de la brochure, et dont le moindre défaut est d'être assez déplacé dans un écrit où, dès la première ligne, on reproche à mon compte-rendu sur la question des tabacs d'être un *brochure apologétique en ma faveur*.

Toujours l'histoire de la paille dans l'œil du voisin....

L'historique de la loi du 1-10 décembre 1870 qui se lie à cet éloge de l'ancien président de la Commission des tabacs, eut gagné à être présenté d'une façon plus sincère.

Il n'était pas besoin d'invoquer les convictions républicaines de M. Léon Say pour expliquer son opposition au rétablissement des zônes : l'opinion politique du ministère n'avait rien à faire dans une question purement économique : nous n'étions pas alors à la veille d'une période électorale, ce que l'on peut objecter au ministère actuel quand il prend des résolutions de la nature de celle qu'on lui prête au sujet des tabacs.

De même, on a mauvaise grâce à rejeter sur la pression des ministres de feu M. Thiers toute la responsabilité de la législation de 1871. On oublie que l'Assemblée nationale qui adopta la loi, était en grande partie *monarchiste*, et qu'il s'en fallait même que tous les ministres de M. Thiers fussent républicains. Le ministre des finances qu'intéressait le plus directement la question, n'était-il pas M. Pouyer-Quertier, bonapartiste et réactionnaire au premier chef, l'ami de M. de Broglie, l'intime de M. Janvier de la Motte ?

La République n'a donc rien à démêler

dans l'affaire. La vérité est qu'on avait besoin d'argent pour faire face au surcroît de charges que nous avait légué l'empire, et qu'on a cru, de bonne foi, prendre une mesure profitable au trésor.

L'événement n'a pas répondu aux prévisions : cela prouve uniquement que les hommes ne sont pas infaillibles.

L'auteur de la brochure prétend que lorsque j'arrivai à la Chambre, « le gouvernement était armé de tous les pouvoirs nécessaires pour donner satisfaction aux vœux de nos contrées » ; sans doute, la loi de 1875 lui avait remis. à tort, le pouvoir de régler administrativement la question.

Mais il ne suffit pas d'être armé, il faut encore être convaincu de la nécessité d'agir et vouloir faire usage de ses armes.

Et c'est précisément cette conviction de la nécessité du retour au régime des cinq zônes qui manquait au gouvernement, comme le prouve surabondamment la réponse de M. Léon Say à la question que j'eus l'honneur de lui poser dans la séance du 20 juillet 1876.

Je ne reproduis pas cette réponse que j'ai publiée *in-extenso* dans ma première brochure ; il me suffira de rappeler ces paroles du ministre des finances :

« *Lorsque je croirai que la question est mûre*, c'est-à-dire lorsque je croirai que la situation est assez normale pour qu'on puisse avoir confiance dans les chiffres, alors *je m'efforcerai de tirer des chiffres les conséquences qui devront en résulter.* »

Donc, le 20 juillet 1876, le gouvernement ne savait pas encore s'il devait ou non donner satisfaction aux vœux de nos populations : son opinion sur la question dépendait d'une étude qu'il renvoyait systématiquement à *une époque plus normale.*

Cette étude s'est faite : c'est l'enquête administrative terminée en janvier 1877 ; *l'époque plus normale* était donc arrivée;

et quand est-elle arrivée ? Après le dépôt de ma proposition.

Donc, l'auteur de la brochure dit une contre-vérité, quand il prétend que *je n'ai obtenu aucune satisfaction.*

J'avais si bien obtenu satisfaction que, je le répète, la commission parlementaire saisie de l'examen de ma proposition, devait m'entendre le 23 mai... ce qu'ont empêché MM. Hamille, Levert, de Partz et leurs amis, en faisant ou en laissant faire le 16 mai.

J'avais commis, il est vrai, une faute impardonnable... aux yeux de nos adversaires : J'avais tenté de déposséder le gouvernement du pouvoir en quelque sorte discrétionnaire — je cite textuellement la brochure — tant au point de vue des zônes qu'au point de vue des tarifs, qui lui avait été conféré par la loi de 1875.

Je l'avoue ; je n'aime pas le pouvoir discrétionnaire : je n'admets pas qu'un homme dispose de la fortune, du bien-être des citoyens ; je ne veux de caprice, ni de faveurs à aucun degré. Je ne reconnais que la loi, parce que la loi est égale pour tous, parce qu'elle répond à un intérêt général et ne doit s'inspirer d'aucun calcul de parti.

Je ne suis pas de ceux qui croient, avec l'auteur de la brochure, que le rôle des représentants du peuple est jamais d'obtenir un décret.

Je crois que le rôle des représentants est de faire des lois et non d'intriguer dans les antichambres des ministres, de résoudre législativement toutes les questions et non d'en quémander la solution, sous forme de décret, au gouvernement qui n'est, en somme, que l'exécuteur de leurs décisions.

Le rôle d'un représentant du Pas-de-Calais était, dans la circonstance, de poursuivre l'abrogation de la loi de 1875, véritable acte d'abdication de l'Assemblée nationale, et de proposer une loi qui restituât au pouvoir législatif le droit de rétablir les cinq zônes et de fixer, comme l'avait fait la loi de 1872, un tarif maximum et minimum.

C'est ce que j'ai fait avec le concours de mes amis MM. Deusy, Brasme et Devaux, mes collègues à la législative de 1876 qui, tous les trois, ont signé ma proposition.

Pendant ce temps, les députés conservateurs travaillaient, dit l'auteur de la brochure, à obtenir un décret, et voyez le malheur, comme ils étaient de la minorité, ils se trouvaient sans influence...

Je le crois bien, le gouvernement était décidé à ne rien faire tant qu'on ne serait pas dans une période normale.

C'est ce que M. Léon Say a répondu, non pas à ces députés, ils n'ont pas eu l'idée de l'interroger, mais à moi à qui ils dénient aujourd'hui une initiative qu'ils regrettent de ne pas avoir prise.

Mais c'est trop insister sur une brochure où les mauvaises raisons le disputent aux allégations mensongères, ce qui explique assez que celui ou ceux qui l'ont écrite aient négligé de la signer. Ce manque de courage prouve au moins qu'ils ont encore un reste de pudeur.

Je ne puis cependant laisser passer, sans les relever comme elles le méritent, les attaques passionnées contre le régime sous lequel nous vivons, auxquelles s'est livré le folliculaire anonyme qui écrit au nom de MM. de Partz, Hamille, Levert et autres candidats officiels de M. le président de la République.

Singuliers représentants d'un gouvernement qui affiche hautement ses prétentions constitutionnelles, que ces candidats qui écrivent ou laissent écrire que République est synonyme d'anarchie, de tyrannie et de violence, et qui, à propos d'un régime que des hommes, qui ont le droit de se croire aussi honorables qu'eux, servent avec foi et désintéressement, se plaisent à invoquer les souvenirs douloureux de 93, de juin 48 et de la Commune !...

Le bout de l'oreille passe, Messieurs, que dis-je, l'oreille entière, et elle est de longueur, car vous montrez une singulière ignorance de l'histoire.

La Terreur, les journées de juin, la Commune ne sont que des accidents, dont les régimes que vous représentez n'ont pas été exempts.

Royalistes, vous avez eu la Ligue sous Henri III qui en fut la victime et Henri IV, qui la dompta, les guerres civiles du règne de Louis XIII et de la minorité de Louis XIV ; sous ce dernier, les persécutions contre les protestants et les dragonnades ; la démoralisation éhontée sous Louis XV, les troubles parlementaires et les trahisons des émigrés sous Louis XVI ; la terreur blanche enfin sous la Restauration, et si votre drapeau blanc osait reparaître, vous savez bien, M. de Mac-Mahon lui-même vous l'a dit, que « les chassepots partiraient tout seuls » ;

Bonapartistes qui avez tort de renier la Terreur, car plus d'un de vos grands hommes y a trempé, à commencer par le chef de votre dynastie, grand admirateur de Robespierre l'aîné et ami particulier de Robespierre jeune, n'avez-vous pas dans votre passé le 18 brumaire et les guerres injustes de premier empire qui coûtèrent un million d'hommes à l'humanité ? n'avez-vous pas le 2 Décembre et la fusillade du boulevard, l'horrible campagne des Cévennes et les massacres du Midi ? n'avez-vous pas encore dans votre

histoire le pillage de la Chine et l'exécu-
tion de Maximilien ?

Oui, à trois reprises, la République a eu
le malheur d'avoir à sévir contre les mauvaises passions et l'ignorance, mais à trois
reprises, elle est sortie victorieuse de la
lutte ; vous n'avez donc pas le droit de
lui reprocher des excès qu'elle a su réprimer.

Dans tous les cas, vous ne pouvez
l'accuser d'avoir amoindri ou déshonoré la
France, ce que la monarchie a fait sous
Louis XV, ce que l'empire a fait à trois
reprises, en 1814, en 1815 et en 1870.

La République est un gouvernement
qui ne recherche pas la gloire militaire,
gloire absurde qui ne profite qu'à quelques
hommes et dont la nation fait tous les
frais ; ce qu'elle veut, ce qu'elle garantit,
c'est l'ordre, la sécurité, la confiance, le
travail, ces bases de la prospérité d'un
peuple qui font qu'il est fort chez lui et
respecté de ses voisins, ce qui vaut mieux
que d'en être redouté.

Que la République sorte victorieuse de
la crise actuelle, et je ne doute pas de ce

triomphe, tout prêt à y contribuer de tous mes efforts, et la France, débarrassée enfin des partis qui n'ont cessé depuis 80 ans de souffler, parmi nous, le découragement et la discorde, la France pouvant enfin envisager avec confiance l'avenir, entrera dans une ère de calme et de prospérité qu'aucun régime monarchique n'est capable de lui donner.

FLORENT-LEFEBVRE,

Ancien député.

UN DERNIER MOT

SUR LA

QUESTION DES TABACS

—

RÉPONSE

au Courrier *du 23 septembre.*

Le *Courrier*, avec la politesse qui lui est familière, ne trouve rien de mieux à répondre aux explications si complètes et si loyales dans lesquelles M. Florent-Lefebvre est entré sur la question des tabacs, que ces deux formules sans valeur à force d'être banales :

« Tout mauvais cas est niable; »

« On sait ce que valent de pareilles assertions. »

Nous nous contenterons de les lui retourner, c'est tout ce que mérite son manque d'urbanité.

En dernier ressort, l'organe des candidats de la ruine nationale, reproche à M. Florent-Lefebvre « de n'avoir pas répondu à l'argument essentiel qui lui était opposé : celui de l'hostilité qu'aurait rencontrée, de la part d'une majorité composée de députés *étrangers à nos contrées* (1), un projet de loi rétablissant les zônes. »

Puisqu'il faut, pour les rédacteurs du *Courrier*, mettre les points sur les i, nous répondrons au nom de M. Florent-Lefebvre, que cette prétendue hostilité quand même de la part de la majorité n'était pas invincible, et que déjà le député de la 2e circonscription d'Arras avait gagné à la cause du rétablissement des anciennes zônes, le président de la 3e commission d'initiative et plusieurs de ses collègues « étrangers à nos contrées » comme dit le *Courrier*, en leur expliquant qu'il s'agissait

____

(1) Le *Courrier* oublie que la zône pour la vente des tabacs de cantine à prix réduit, comprend 13 départements qui comptent en totalité une soixantaine de députés, une belle minorité, comme on le voit, bien capable de rallier la majorité à ses idées, si ses membres s'entendaient entre eux.

moins dans l'espèce d'un privilége à concéder à une certaine partie de la population, contrairement au principe de l'égalité devant l'impôt, que d'armer le gouvernement du moyen jugé par tous le plus efficace pour arrêter la contrebande des tabacs ; que, du reste , les populations frontières qui jouissent de l'avantage d'une réduction sur le prix du tabac, ne sont pas les seules qui bénéficient d'un privilége de situation, et que, pour ne citer qu'un exemple, les populations des régions maritimes jouissent, d'une faveur analogue sur le prix du sel.

Ces arguments, sans en excepter le dernier qui avait fait particulièrement impression sur l'honorable président de la 3e commission d'initiative, étaient de nature, croyons-nous, à entraîner une majorité dont le *Courrier* prend à tort la réserve pour de l'hostilité. Non, la majorité n'était pas systématiquement hostile et il eut suffi de lui démontrer la nécessité de la réforme demandée, ce qu'eût fait la discussion de la proposition de M. Florent-Lefebvre, pour qu'elle prît une résolution qui donnât satisfaction à tous les intérêts.

Le *Courrier* n'a pas lu avec assez d'attention l'article de M. Florent-Lefebvre ; le commentaire qu'il fait du passage de cet article où est mis en relief le caractère précaire de la règlementation projetée par le gouvernement actuel, prouve qu'il ne l'a pas compris, car il nous répugne de penser qu'il en a dénaturé le sens de propos déli - béré.

Oui, sans doute, M. Florent-Lefebvre a écrit qu'un décret, rendu dans les condi- tions que l'on sait, c'est-à-dire opérant d'une façon arbitraire sans tenir compte d'autres considérations que les convenan- ces électorales des candidats agréables, ne survivrait pas aux élections, et qu'après la chûte du ministère actuel, « le premier soin d'un ministre des finances soucieux des intérêts du pays, sera de demander que ce décret soit rapporté ; » mais, ce que le *Courrier* se garde bien d'ajouter, car cela eut détruit toute son argumentation, et ce qu'a donné parfaitement à comprendre M.

Florent-Lefebvre, c'est que ce ministre, soucieux des intérêts du pays, que nous supposons républicain, ne fera rapporter le décret malencontreux de son prédécesseur, que pour y substituer, par voie législative, comme cèla fut fait en 1872, une mesure définitive, plus équitable, et, nous ne craignons pas de le dire, plus favorable aux intérêts connexes du trésor et des populations de notre région.

Il est donc faux que M. Florent-Lefebvre ait, comme le prétend le *Courrier*, « montré lui-même les inconvénients de sa proposition »; il ressort, au contraire, de sa thèse que s'il suffit de la volonté d'un ministre pour changer un régime qui ne repose que sur un décret proposé par un de ses prédécesseurs, pour parer à cet inconvénient il faut — et c'est là toute l'économie du projet de M. Florent-Lefebvre — fixer ce régime par une loi que le gouvernement ne peut ni modifier ni éluder.

Le *Courrier* reproche, en outre, à M. Florent-Lefebvre de « sacrifier les inté-

rêts des populations. » Une grosse accusation, comme on voit!.. Une accusation
au moins imprudente de la part de la
feuille de MM. Hamille, Levert, Dussaus-
soy et Cie, grands défenseurs des intérêts
des populations, comme l'a prouvé le si-
lence obstiné qu'ils ont gardé — sauf les
jours de « boucan », comme disait leur ami
M. Paul de Cassagnac — pendant les
quinze mois de la législature de 1876-
1877.

Mais examinons quand même cette accusation si inattendue qu'elle soit.

A la vérité, il nous suffira pour en montrer l'inanité, de mettre en regard du nouveau tarif que se propose d'édicter le ministre des finances actuel, en vue de servir la cause des candidats officiels, le tarif
que M. Florent-Lefebvre proposait d'établir par sa proposition en date du 25 juillet
1876, à laquelle, comme le prouve sa date,
toute préoccupation électorale était étran-
gère.

Voici d'abord, le tarif des trois zônes,
actuellement appliqué :

1re zône 3 fr.   le kilog.
2e   —   5 fr.   —
3e   —   8 fr.   —

Le ministre propose, en créant quatre zônes, d'établir les prix suivants :

1re zône 2 fr. 50 le kilog.
2o   —   4 fr. 50   —
3e   —   7 fr.   —
4o   —   8 fr.   —

De telle sorte que la diminution dont le décret doit faire bénéficier les populations, ne sera, en somme, que de 50 centimes dans la première et la seconde zône (soit un sou par hectogramme, ce qui est insignifiant), et de 1 franc pour partie de la 3e zône.

M. Florent-Lefebvre demandait non-seulement que les zônes actuelles fussent modifiées dans leur délimitation respective, mais que le territoire privilégié fût agrandi de tous les cantons, comme celui de Bapaume, par exemple, dans le Pas-de-Calais, qui y étaient compris autrefois.

Il divisait ce territoire agrandi, en cinq zônes — une de plus que le projet du ministre — et proposait les prix de vente suivants :

1re zône	2 fr.	le kilog.	
2e —	2 fr. 50	—	
3e —	4 fr.	—	
4e —	5 fr. 50	—	
5e —	S fr.	—	

Rien de plus éloquent que les chiffres.

On voit clairement, par les tableaux ci-dessus, lequel des deux projets eut été le plus avantageux à nos populations.

Le *Courrier* convenant lui-même que « l'Etat retrouvera par une augmentation » normale de la consommation du tabac et » par les entraves naturelles que la création » des zônes apportera aux fraudeurs, la » compensation des sacrifices qu'il se sera » imposés », nous n'avons point à justifier au point de vue des avantages qu'en retirera le trésor, les abaissements de prix demandés par M. Florent-Lefebvre dans l'intérêt des consommateurs.   X.

Arras. — Imp. Schoutheer, rue des Trois-Visages.